DÉPOT DE THÉS

DE LA COMPAGNIE ANGLAISE,

Place Vendôme, N.° 23.

A PARIS.

S

OBSERVATIONS

SUR L'USAGE

DU THÉ,

D'APRÈS LES AUTEURS LES PLUS ANCIENS ET LES PLUS
RENOMMÉS.

PAR

ELISHA MILLS ELY.

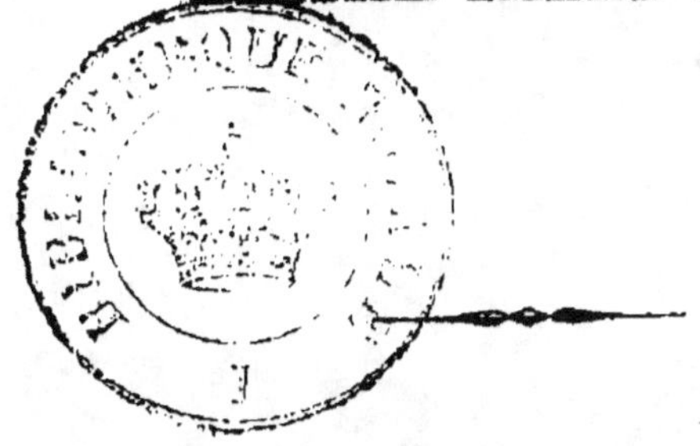

Paris.

PLACE VENDOME, N° 23.

Janvier 1827.

IMPR. DE CARPENTIER-MÉRICOURT,
RUE TRAÎNÉE-S.-EUSTACHE, Nº 15.

THÉ.

La Chine et le Japon sont les seuls pays où l'on cultive l'arbrisseau du Thé pour en faire un objet de commerce ; on peut donc en conclure qu'il est indigène de l'un et de l'autre de ces deux pays. On ignore ce qui porta premièrement leurs habitans à se composer une boisson avec ses feuilles.

Renauldats parle (édition de Paris 1718) de deux voyageurs arabes qui visitèrent la Chine vers l'année 850, et qui virent les habitans de cet empire se servir d'une boisson médicinale qu'ils préparaient en versant de l'eau bouillante sur les feuilles d'une certaine plante; cette infusion, disaient-ils, était regardée comme un remède efficace dans plusieurs maladies.

Le Thé est la boisson ordinaire des Chinois, des Japonais et des autres peuples de l'Orient; ils n'y mettent ni sucre, ni autre ingrédient.

Nous croyons pouvoir assurer que le bon Thé, pris modérément et pas trop fort, sans, ou avec très-peu de sucre, ou sans y rien ajouter, est un excellent dissolvant; qu'il purifie le sang, fortifie l'estomac, facilite la digestion, la circulation du sang, la transpiration et les autres sécrétions, dégage la vessie, prévient les maladies chroniques et quelquefois les guérit. Les Chinois l'ordonnent pour les fièvres violentes, pour la colique, et pour d'autres maladies aiguës.

Les livres de médecine chinoise attribuent au Thé presqu'autant de vertus que nos charlatans à leurs remèdes. Ils le prescrivent pour les hémorragies, la constipation, les maux de tête ou de cœur, les démangeaisons, la petite vérole, les tumeurs à la tête, les douleurs de reins, la toux, la phthisie, et plusieurs fluxions rhumatiques, et ils prétendent que broyé avec une égale quantité d'alun et délayé dans de l'eau froide, le Thé est un remède souverain contre toutes sortes de poisons.

Plusieurs auteurs ont observé que la pierre est une maladie presque inconnue au Japon et à la Chine, ce qu'ils attribuent à l'usage du Thé noir.

On cultive le Thé dans les provinces de la Chine où il fait aussi froid qu'à Paris ; ainsi ce n'est point le froid, mais quelqu'autre raison qui empêche cette précieuse plante de réussir en France.

Giovani Bostaro, célèbre auteur italien,

qui écrivait il y a environ trois siècles, dit que les Chinois ont une herbe dont ils tirent, par la compression, une liqueur délicieuse qui leur sert de boisson, et leur conserve en même temps la santé.

Vers l'année 1600, *Teixeira* (Espagnol), vit des feuilles de Thé, sèches, à Malaca, où il apprit que les Chinois préparaient une boisson avec cette plante.

En 1633, *Oléarius* trouva la boisson du Thé fort en usage chez les Persans qui se le procuraient des Tartares voisins de la Chine.

Les Hollandais sont les premiers Européens qui aient connu le Thé.

Lord Arlington et lord Offray l'introduisirent de la Hollande en Angleterre en 1666 ; et sous leurs auspices, l'usage de cette boisson, d'abord adoptée par les grands, se répandit peu à peu dans toutes les classes de la société.

En 1675, *Charles II*, roi d'Angleterre, ordonna la suppression des maisons où l'on servait le Thé et le Café, parce qu'elles étaient le rendez-vous des oisifs et des gens sans aveu qui y tenaient des propos injurieux contre son gouvernement, et qui auraient pu compromettre la tranquillité publique.

Les marchands de ces deux denrées se

récrièrent contre cet ordre, et en obtinrent la révocation; mais les limonadiers étaient contraints à dénoncer à l'autorité tous ceux qui par leurs paroles ou leurs actions se montreraient contraires à son gouvernement.

Le voyageur **Kalm** fait sur le Thé la remarque suivante: Chaque personne, dit-il, porte un jugement différent sur cette boisson; quant à moi je pense que nous nous porterions mieux, et que nos bourses seraient moins dégarnies, si nous ne prenions ni Thé ni Café: cependant, pour être impartial, je dirai à l'avantage du premier, qu'il soulage efficacement le voyageur harassé de fatigue, comme je l'ai souvent éprouvé moi-même dans mes voyages à travers les déserts de l'Amérique ; dans ces circonstances, le Thé est aussi indispensable que la nourriture.

Après avoir voyagé toute une nuit sur des mulets, nous arrivâmes, dit Brydon (auteur d'*un Voyage en Sicile et à Malte*), vers les dix heures, accablés de fatigue et d'insomnie ; j'eus recours à mon remède habituel en pareil cas, je pris une bonne tasse de Thé, et je fus alors aussi dispos que le jour même de mon départ.

Monsieur Duncan, dans son *Avis salutaire*, observe ironiquement que Mathusalem, qui vécut mille ans, ne buvait que de l'eau ; mais que depuis le temps de Noé, qui le premier fit usage du vin, la vie de l'homme est considérablement raccourcie, et que les maladies sont multipliées.

Un médecin belge nous dit que la plupart des personnes d'un grand âge, qu'il comptait parmi ses malades, avaient fait un grand usage du Thé, et qu'elles étaient moins desséchées que les autres.

Lettsom dit que le Thé est salutaire aux personnes d'un tempérament chaud et sanguin, et qu'il est tout le contraire pour celles qui sont faibles et délicates, si elles le prennent avec excès.

Le Thé est plus ou moins salutaire à proportion que la constitution s'approche de l'un ou de l'autre de ces deux extrêmes.

Le docteur Kirk Patrice, dans son ouvrage sur le Thé, rapporte qu'un notaire, qui avait été depuis long-temps incommodé de la pierre, et qui avait pris beaucoup de médicamens, sans en obtenir de soulagement, résolut enfin d'avoir recours au Thé, et fut complétement guéri.

« Je ne m'étais, dit-il, jamais habitué
» au Thé, de sorte que cette boisson m'é-
» tait entièrement nouvelle. J'en fis infuser
» une once de noir fin, dans quatre tasses
» d'eau bouillante que je laissai refroidir;
» je le tirai ensuite au clair, et j'en bus
» deux tasses à des intervalles d'environ
» une heure, et je déjeunai. Une heure
» après ce repas, je pris la troisième tasse,

» et deux heures après mon dîner, je bus
» la quatrième.

» Le premier jour, le seul effet qu'il
» produisit fut une plus grande évacua-
» tion d'urine ; mais le deuxième jour au
» matin je trouvai douze miettes gluti-
» neuses formant ensemble la grosseur
» d'un petit pois, avec des substances
» pierreuses. Je remarquai surtout avec
» plaisir que l'usage du Thé procurait
» plus de régularité dans mes fonctions di-
» gestives. »

Le Thé noir en infusion se conserve
pendant dix à quinze jours en été, et plus
long-temps en hiver : une demi-once suffit
pour en faire une bouteille de la conte-
nance d'un litre ; les feuilles tombent au

fond au bout de quatre ou cinq minutes, si l'eau est bien bouillante; alors le Thé se trouve fait.

On peut aussi le faire avec de l'eau froide, mais il faut deux fois autant de Thé, et ce n'est qu'au bout de cinq ou six heures que l'eau commence à en prendre le goût; les feuilles surnagent toujours, et le Thé se gâte au bout de quatre ou cinq jours.

Le Thé Pekò est le meilleur que l'on puisse prendre froid; chaud il est diuré-tique, et froid il est diaphorétique : on peut le boire à toute heure, particulière-ment en se couchant et pendant la nuit; il adoucit l'haleine et guérit les maladies et la fièvre qu'occasionnent l'excès du boire et du manger.

Lettsom nous dit que le Thé est une boisson si habituelle des Chinois, qu'on les représente rarement dans les tableaux occupés à un ouvrage quelconque, sans une théière et une tasse.

Cette boisson dégage les obstructions, purifie le sang, et entraîne surtout la matière tartareuse qui cause les calculs et la goutte ; elle produit si bien cet effet, que, parmi les buveurs de Thé du Japon, Kampfer dit n'en avoir jamais trouvé aucun qui fût attaqué de la goutte.

Les personnes des deux sexes, dans le

Japon, ont des maîtres pour leur apprendre à faire et à servir le Thé, comme en Europe pour la danse et autres talens d'agrément.

Les Japonais réduisent premièrement le Thé en poudre, et, après avoir versé l'eau bouillante dans les tasses, ils prennent une petite cuillerée de la poudre de Thé qu'ils y mélangent avec beaucoup d'adresse, jusqu'à ce que la liqueur écume ; alors on la sert.

Kempfer, dans son histoire du Japon, dit : « Qu'on trouve sur les routes et dans » tous les autres endroits publics, des » tentes où l'on sert le Thé, pour la com- » modité des voyageurs (qui ne prennent

» pas d'autre boisson, pour se rafraîchir). »

Le docteur Blegny, qui écrivit en 1680 son *Bon Usage du Thé*, rapporte qu'une dame, souvent incommodée de la migraine, s'en guérit en tenant la tête au-dessus d'une infusion de Thé chaud. Le parfum qu'elle aspirait ne manquait jamais de lui procurer un prompt soulagement.

Letisom dit que le Thé, s'il n'est ni trop fin *, ni bu trop chaud, ni en trop grande quantité, est préférable à toute autre boisson extraite de végétaux quelconques. « Connaissant sa force vivifiante, ce n'est pas parce qu'elle est à la mode que nous en fai-

* Par le mot *fin* j'entends Thé vert.

sons usage, mais bien à cause de la suavité de son goût et la supériorité de ses effets sur ceux de toutes les autres plantes. »

Perceval nous fait part de plusieurs expériences faites sur le Thé; la suivante est du nombre : « J'ai pris, dit-il, une égale
» quantité d'une infusion de Thé vert su-
» périeur et de Thé noir inférieur (de
» même force), et la même quantité de
» liqueur qui restait après la distillation,
» et de l'eau pure, dans chacune des-
» quelles je mis deux drachmes de bœuf
» (tué la veille). La viande qui avait été
» plongée dans l'eau pure devint corrom-
» pue dans l'espace de quarante-huit
» heures, mais les morceaux mis dans les
» deux infusions de Thé, et dans la liqueur

» qui restait après la distillation, ne don-
» nèrent aucun signe de putréfaction,
» qu'après environ soixante-dix heures.

Lettsom était d'opinion que le Thé est pernicieux pour les pauvres gens, parce qu'ils ont rarement l'estomac plein d'une nourriture solide ; mais il observe « que le » Thé est préférable aux boissons fortes, » même pour eux. »

Du Helder, qui écrivit en 1697, cite un écrivain Chinois qui rapporte avoir vu l'arbre à Thé croître depuis un jusqu'à trente pieds de hauteur.

Kempfer, au témoignage duquel en peut ajouter foi, dit que lorsque l'arbre à

Thé a atteint toute sa croissance, il peut avoir la hauteur d'un homme. Il a certainement vu croître la plante, tout fins que sont les Chinois dans la déception. Cependant la description qu'il en donne, comme celle de divers autres voyageurs, est très-imparfaite.

Les Chinois se gardent bien d'initier les étrangers : il faut que ceux-ci soient bien subtils pour pénétrer une partie de leur secret.

Sir George Staunson est d'opinion, d'après tous les renseignemens qu'il a pu prendre sur cet arbrisseau, qu'il n'y en a qu'une seule espèce, que ses qualités dépendent du terrein où il croît, de l'âge des feuilles, à l'époque de la récolte, et de la manière de les apprêter.

Vers le mois de mars les feuilles sont détachées une par une avec la main. Les plus habiles ouvriers en cueillent environ quinze livres par jour. Les ouvriers employés à récolter les Thés les plus fins que le pays produise, sont obligés de vivre très-frugalement pendant les trois ou quatre semaines qui précèdent la récolte. Pendant la récolte, ils sont gantés comme des petits maîtres.

Le Thé vert est séché sur des plateaux de cuivre ou de fer, et ensuite roulé avec le bout des doigts.

Les paysans font sécher le leur dans des terrines ou autres vases de terre; cette manière est la plus économique, et lès met à même de vendre cette denrée à un très-bas prix.

On prétend aussi que certaines qualités de Thé se passent à l'eau chaude avant d'être cuites sur les plateaux.

Les Chinois ne font usage que du Thé noir, et le prennent toujours sans sucre ni lait. Le Thé vert est préparé ou cuit exprès pour les Européens.

Le docteur Cassenus (d'Anvers) a publié une brochure intitulée : *Excellence du Thé*. Suivant lui « cette boisson prise en abon-
» dance suffit assez souvent pour ôter la
» plus forte crampe, et sans aucun danger.
» C'est dans l'eau tiède, soit en forme de

» Thé, que par sa petite amertume, légè-
» rement stimulante sans être crispante,
» parcourant tout le système vasculeux,
» elle est un tonique général qui ranime
» toutes les crises de la nature et purifie le
» sang.

» Quant au choix du Thé, le Thé Pékin,
» comme le plus diurétique et diaphoré-
» tique, est le plus sain de toutes les es-
» pèces. »

L'auteur termine son *Excellence du Thé*
par ces mots : « Je parle d'expérience. »

Comme l'usage du Thé doit être au
moins justifié par quelques bonnes raisons,
il ne sera pas superflu de citer des faits,
car les faits n'ont jamais tort. En voici un
des plus remarquables :

« A Penrith, dans la province de Cum-

» berland, une femme, nommée Mary
» Noble, vit principalement de Thé depuis
» soixante-cinq ans, et elle est maintenant
» âgée de cent sept ans. Cette respectable
» centenaire demeure actuellement chez
» une dame dont elle fut la nourrice, et
» qui a aujourd'hui près de soixante-dix
» ans. Sa santé et sa vigueur se sont main-
» tenues au point qu'elle marche encore
» sans bâton. »

(*Revue Britannique*, oct. 1826.)

Le commerce du Thé est un monopole
en Angleterre comme celui du Tabac en
France.

Les personnes au service de la Compagnie (**H. E. I.**) formeraient une nom-

breuse armée. Elle paie à huit agens, chefs de l'établissement qu'elle possède à Canton, la somme énorme de 1,530,000 francs par an.

Le montant annuel du Thé vendu en Angleterre, est évalué à 10,000,000 liv. sterling, ou 250,000,000 fr.

On pourra voir le progrès de ce commerce, par le Tableau suivant des exportations de la Chine.

		Par les Anglais.	Par les Hollandais.	Par les Français.
En	1776	3,400,000	4,900,000	2,500,000
»	1785	10,600,000	5,300,000	5,000,000
»	1795	23,700,000	4,000,000	commerce
»	1823	27,500,000	. . . .	interrompu.

Depuis la paix générale, deux cargaisons de Thé seulement ont été importées directement de la Chine en France.

Les États-Unis de l'Amérique ont commencé leur commerce de Thé avec la Chine.

En 1785 en exportant   880,000 livres.
  » 1795 ils ont exporté 1,500,000 livres.
  » 1825 . . . . .   10,200,000 livres.

Les exportations de Thé en Chine se montaient

En 1776 à 10 millions.
  »   1786 à 28 millions.
  »   1795 à 29 millions.

Depuis, les exportations n'ont pas beaucoup augmenté.

DÉPOT DE THÉS

DE LA COMPAGNIE ANGLAISE,

Place Vendôme, N° 23, à Paris,

Établi en 1823

Expressément pour la Vente des Thés de première qualité.

THÉS NOIRS.

	la livre
Congo qualité ordinaire...........	5 fr.
Souchong bonne qualité.	6
très-bonne qualité.......	7
première qualité........	8
Kampoy première qualité..........	9
Nam Chong (emballages primitifs).	11
Powchong.......................	7
Pecco qualité russe...............	13
Pecco à pointes blanches..........	16

THÉS VERTS.

Poudre à canon...................	10
très-bonne qualité..	11
première qualité...	12
Impérial.......................	10
première qualité (perlé)...	11
Hyson bonne ordinaire...........	8
Hyson très-bonne.................	9
Hyson brightisb leaf..............	10
Hyson finest bloom...............	12
Choolau........................	16

Avis.

Les demandes par la petite poste seront remplies sans frais dans Paris, et les personnes qui résident dans les lieux par où passent les diligences des Messageries royales, qui feront les demandes de 4 livres au moins, les recevront en payant à la livraison le prix du Thé, en sus les frais de transport.

Lorsqu'on demandera 18 ou 20 livres (qu'on pourra composer d'une seule ou de plusieurs qualités et boîtes), la Compagnie s'engagera à les faire livrer au domicile de l'acquéreur (par toute la France, sur les routes des diligences ci-dessus), sans frais d'emballage ni de transport.

Les lettres des départemens (affranchies) seront répondues aussitôt.

On ne vend pas le soir.

Le Magasin est fermé le dimanche.

DÉPOT DE THÉS

DE LA COMPAGNIE ANGLAISE,

Place Vendôme, N.º 23,

A PARIS.

www.ingramcontent.com/pod-product-compliance
Lightning Source LLC
LaVergne TN
LVHW021704170726
843501LV00007B/2678